мактаб - skoro	2
саёҳат - koiri	5
нақлиёт - transport	8
шаҳр - foto	10
ландшафт - landschap	14
тарабхона - restaurant	17
супермаркет - wenkri	20
нӯшокиҳои - dringi	22
таъом - nyan	23
ферма - burugron	27
хона - oso	31
мехмонхона - foroisi	33
ошхона - botrali	35
ҳамом - was oso	38
ҳуҷраи кӯдакона - pikin kamra	42
либос - krosi	44
идора - kantoro	49
иқтисодиёт - ekonomia	51
касбҳо - kari	53
асбобҳо - wrokosani	56
асбобҳои мусиқӣ - poku sani	57
боғи ҳайвонот - meti dyari	59
варзиш - sport	62
фаъолият - aktifiteit	63
оила - famiri	67
бадан - skin	68
бемористон - ati oso	72
ҳолати фавқулодда - nowtu	76
замин - grontapu	77
вақт - oloisi	79
ҳафта - wiki	80
сол - yari	81
баст - form	83
рангҳо - kloru	84
мухолифат - difrenti	85
ададҳо - nomru	88
забонҳо - den tongo	90
ки / чиро / тавр - suma / sang / fa	91
дар кучо - pe	92

Impressum
Verlag: BABADADA GmbH, Nedderfeld 112 , 22529 Hamburg
Geschäftsführer / Verlagsleitung: Harald Hof
Druck: Books on Demand GmbH, In de Tarpen 42, 22848 Norderstedt

Imprint
Publisher: BABADADA GmbH, Nedderfeld 112 , 22529 Hamburg, Germany
Managing Director / Publishing direction: Harald Hof
Print: Books on Demand GmbH, In de Tarpen 42, 22848 Norderstedt, Germany

мактаб
skoro

тақсим кардан
prati

тахтаи синф
bord

синф
klas

саҳни мактаб
skoro dyari

муаллим
leriman

қоғаз
papira

навиштан
skrifi

ручка
pen

мизи хатнависӣ
tafra

ҷадвал
lati

китоб
buku

талаба
studenti

ҷузвдон
skorotas

қаламдон
kisi

қалам
skriftiki

қаламтезкунак
srapu

хаткуркунак
sisibi

блокноти расмкашӣ
prenki buku

 расм / prenki	 мӯқалами рассомӣ / kwasi	 қуттии рангҳо / ferfidosu
 қайчӣ / sisei	 ширеш / gomma	 дафтари машқ / skrifbuku
 вазифаи хонагӣ / skorowroko	 рақам / nomru	 ҷамъ кардан / teri
 кам кардан / koti	 зарб задан / vermenigvuldig	 ҳисоб кардан / teri
 ҳарф / brifi	алфавит / alfabet	 калима / wortu

мактаб - skoro

матн
awortu

хондан
lesi

бӯр
kreiti

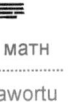

дарс
yuru

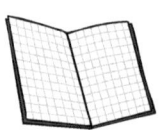

журнали синфӣ
klasbuku

имтиҳон
examen

шаҳодатнома
skoropapira

либоси мактабӣ
sem skoro krosi

таҳсил/маориф
skoro

энсиклопедия
encyklopedie

донишгоҳ
unifersiteit

микроскоп (more frequently used)
mikroskoop

харита
karta

сабади партофҳои коғазӣ
doti embre

мактаб - skoro

саёҳат
koiri

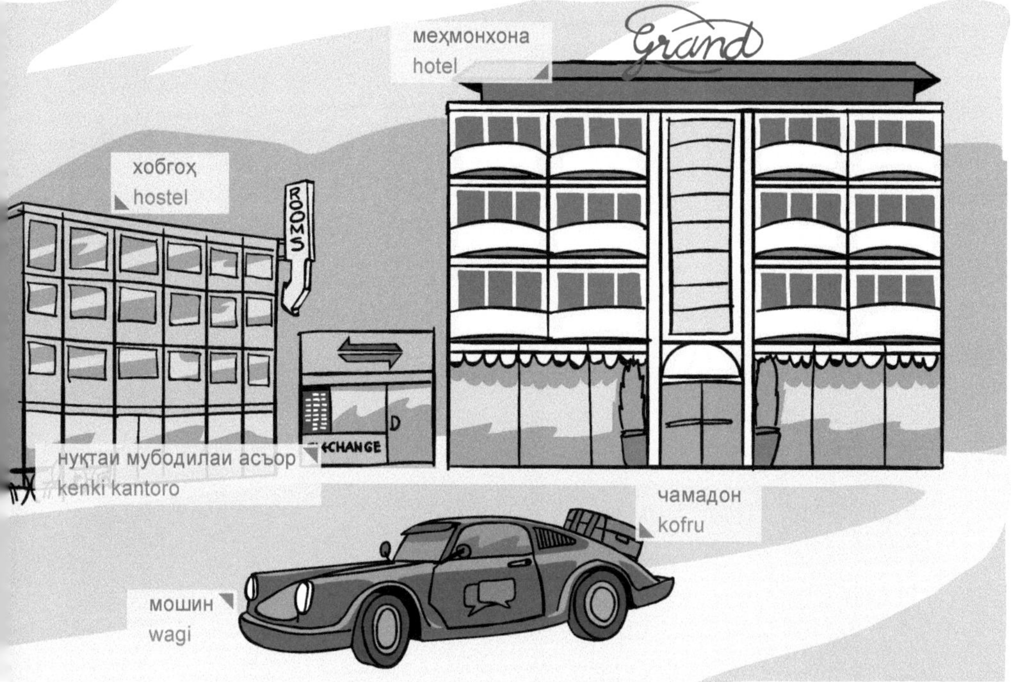

меҳмонхона
hotel
Grand
хобгоҳ
hostel
ROOMS
нуқтаи мубодилаи асъор
kenki kantoro
EXCHANGE
чамадон
kofru
мошин
wagi

забон

tongo

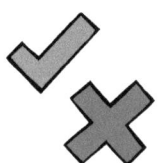

ҳа / не

ai / no

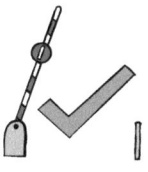

Хуб

afen

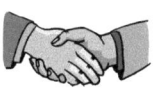

Ассалому алейкум

Ei!

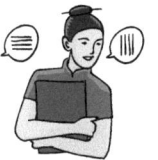

тарҷумон

torku

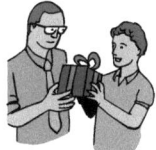

Раҳмат

Grantangi

чӣ қадар аст …?
O meni…?

Ман намефаҳмам
Mi ne ferstan

проблема
problema

шаб ба хайр!
Kuneti!

субҳ ба хайр
Morgu!

шаби хуш
Kuneti!

хайр
Adyosi!

равона
beni

бағоҷ
bagasi

ҷузвдон
tas

борхалта
tas

меҳмон
fisiti

хона
kamra

хобхалта
sribi saka

хайма
tenti

саёҳат - koiri

маълумоти сайёҳӣ
reiskantoro

соҳил
sekanti

корти кредитӣ
kreditkarta

наҳорӣ
mamanten nyanyan

хӯроки пешин
nyanyan

хӯроки шом
nyanyan

чипта
karta

лифт
lift

марка
stampu

сарҳад
lanki

Гумрук
douane

сафорат
ambassade

раводид
fisa

шиносномa
pasportu

саёҳат - koiri

нақлиёт
transport

паром	қаиқ	мотосикл
pondo	boto	motro

мошини полис	мошини тезрави пойгаи	кирояи мошинҳо
skowtu wagi	streilon wagi	yuru wagi

нақлиёт - transport

амроҳ истифодабарии мошин wagi prati	эвакуатор takelwagi	павтовчамъкунӣ doti wagi

муҳаррик motro	сӯзишворӣ oli	нуқтаи фурӯши сӯзишворӣ oli pompu
	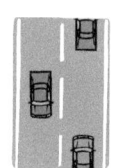	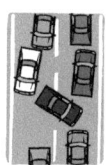
аломати роҳ ferkeermarki	ҳаракат ferkeer	бандшавии ҳаракати роҳ reylo

ҷои исти мошинҳо parkeerpresi	истгоҳи роҳи оҳан lokopresi	роҳи оҳан rail
	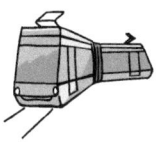	
қатора loko	тамвай loko	вагон wagi

нақлиёт - transport

чархбол
helikopter

фурудгоҳ
opolangi

манора
fortresi

мусофир
pasasir

контейнер
kontainer

қутии картонӣ
doso

ароба
wagi

сабад
baskita

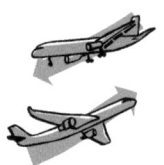
гирифтан / замин
opo go / saka

шаҳр
foto

деҳа
dorpu

маркази шаҳр
fotosei

хона
oso

10 шаҳр - foto

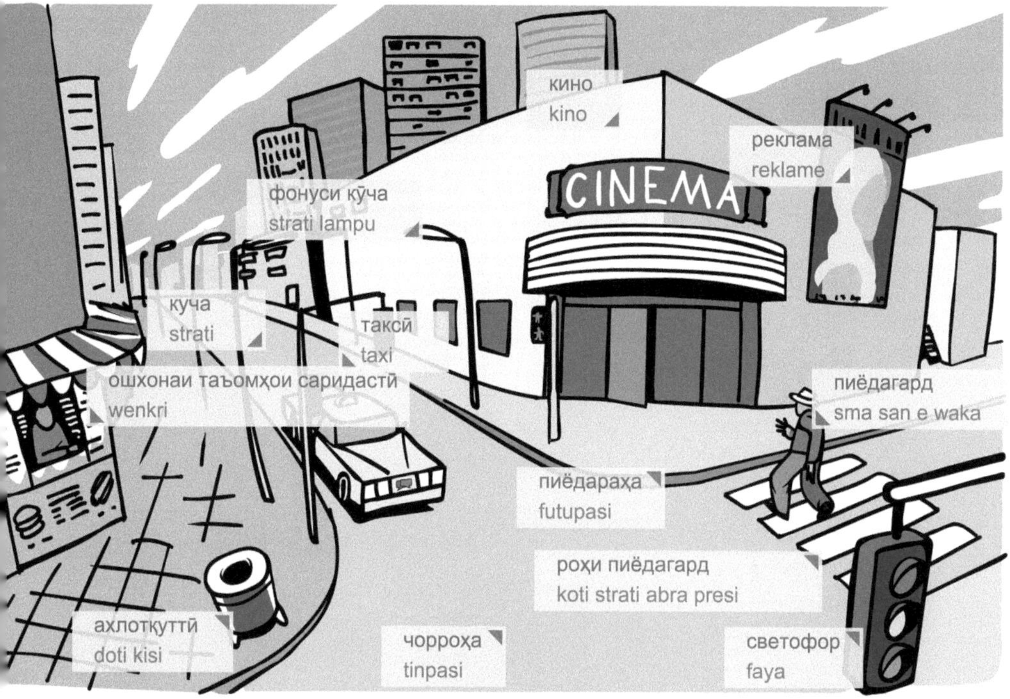

кино
kino

реклама
reklame

фонуси кӯча
strati lampu

кӯча
strati

такси
taxi

ошхонаи таъомҳои саридастӣ
wenkri

пиёдагард
sma san e waka

пиёдараҳа
futupasi

роҳи пиёдагард
koti strati abra presi

ахлоткуттӣ
doti kisi

чорроҳа
tinpasi

светофор
faya

кулба
kampu

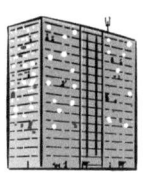

ҳамвор
oso

истгоҳи роҳи оҳан
lokopresi

ҳнои маъмурияти шаҳр
foto oso

осорхона
museum

мактаб
skoro

шаҳр - foto

донишгоҳ
unifersiteit

бонк
bangi

бемористон
ati oso

меҳмонхона
hotel

доухона
apteiki

идора
kantoro

сехи китоб
buku winkri

сехи
wenkri

мағозаи гулфурӯшӣ
bromki winkri

супермаркет
wenkri

бозор
wowoyo

универмаг
wowoyo

мағозаи моҳифурӯшӣ
fisi seri man

маркази савдо
bigi wenkri

бандар
lanpresi

шаҳр - foto

 парк / park	 бонк / bangi	 пул / broki
 зинапоя / trapu	 метро / fatyawagi	 нақби / ondrogron-strati
 истгоҳи автобус / bushalte	 бар / bar	 тарабхона / restaurant
 қуттии почта / brifibus	 аломати номи кӯчаҳо / strati nen marki	 ҳисобкунаки исти мошинҳо / parkeer marki
 боғи ҳайвонот / meti dyari	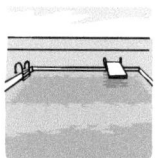 ҳавзи шиноварӣ / swen presi	 масҷид / gado-oso

ферма	ифлоскунӣ	қабристон
burugron	doti sani	berpe

калисо	майдончаи бозӣ	маъбад
kerki	prei presi	gado-oso

ландшафт
landschap

- барг / wiwiri
- аломати роҳнамо / pasi marki
- роҳ / pasi
- алафзор / wei
- санг / ston
- дарахт / bon
- сайёҳ / koiri sma
- дарё / libi
- алаф / grasi
- гул / bromki

 водй lagi presi	 кӯҳ lebriki	 кул fisi-olo
 беша busi	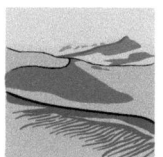 биёбон dreisabana	 вулкан bergi
 қалъа ridder-oso	 рангинкамон alenbo	 занбӯруғ todoprasoro
 дарати нахл palmbon	 хомӯшак maskita	 паридан freifrei
 мурча mira	 занбур waswasi	 тортанак anansi

ландшафт - landschap

гамбӯсак
asege

қурбоққа
todo

санҷоб
bonboni

хорпушт
agidya

харгӯш
kon koni

бум
owru kuku

парранда
fowru

мурғи қу
gansi

хуки ваҳшӣ
werder agu

оху
dia

гавазн
dia

сарбанд
dan

турбина шамол
winti miri

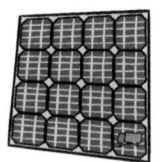

панел офтобӣ
son planga

иқлим
weer

ландшафт - landschap

тарабхона
restaurant

пешхизмат
diniman

меню
nyankarta

курсӣ
sturu

Pizza
pissa

шӯрбо
supu

асбобу анҷоми хӯрокхӯрӣ
nefi nanga forku

дастархон
tafra duku

стартер/корандоз
fesi nyanyan

хӯроки асосӣ
moro prenspari sortu nyan

десерт
switi sani

нӯшокиҳои
dringi

таъом
nyan

шиша
batra

тарабхона - restaurant

Хӯроки Тез Таёр мешуда
fastfood

хӯроки кӯчагӣ
strati nyanyan

чойник
tépatu

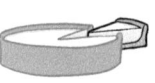

шакардон
sukru patu

қисм/порча
krab'patu

мошини espresso
espressomasyin

курсии кӯдакона
pikin sturu

ҳисоб
borgu

зарфмонак
brakri

корд
nefi

чангол
forku

қошуқ
spun

қошуқча
téspun

сачоқи қоғазӣ
servet

истакон
grasi

тарабхона - restaurant

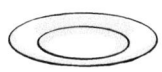  

табақча	косача	тақсимча
preti	supu preti	skotriki

соус	намакдон	мурчдон
sowsu	sowtupatu	pepre miri

сирко	равғани растанӣ	приправа
asin	oli	specerij

кетчуп	хардал	майонез
ketchup	mosterd	mayonaise

тарабхона - restaurant

супермаркет

wenkri

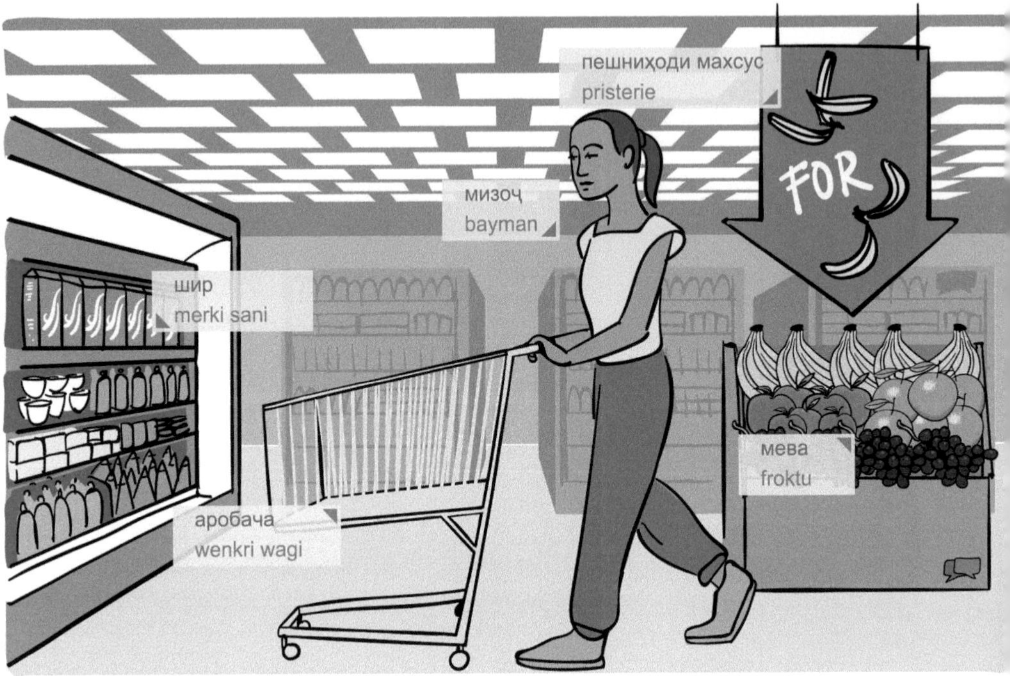

пешниҳоди махсус
pristerie
FOR
мизоҷ
bayman
шир
merki sani
мева
froktu
аробача
wenkri wagi

BUTCHERS

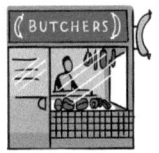

дукони гӯштфурӯшӣ

srakti-oso

BAKERY

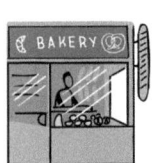

дукони нонфурӯшӣ

bakri-oso

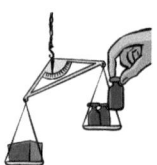

баркашидан

wegi

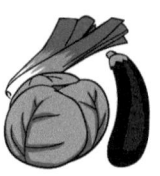

сабзавот

gruntu

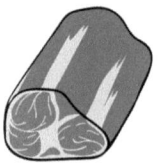

гӯшт

meti

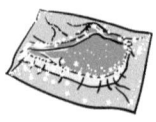

хӯроки яхбаста

dijskasi sani

лимҳои борик буридаи гушт
kowru meti

озуқаворӣ консервонидашуда
blik nyan

хокаи либосшӯй
wasi sani

ширинӣ
switi sani

асбоби рӯзгор
oso sani

воситаҳои тозакунанда
sani fu krin

фурӯшанда
seri sma

касса
kas

кассир
kasman

рӯихати харидкунӣ
bai marki

соат ифтитоҳи
oro yuru

ҳамён
portmoni

корти кредитӣ
kreditkarta

ҷуздо
tas

пакет
plastik saka

супермаркет - wenkri

нӯшокиҳои
dringi

об
watra

шарбат
sap

шир
merki

кола
kola

шароб
win

оби ҷав
biri

машрубот
sopi

какао
skrati

чой
té

қаҳва
kofi

эспрессо
espresso

каппучино
kappuccino

таъом
nyan

банан
bakba

себ
apra

норанҷӣ
apresina

харбуза
watramun

лимӯ
sitrun

сабзӣ
rutu

сир
konofroku

бамбук
bambu

пиёз
aiun

занбӯруғ
todoprasoro

чормағз
noto

угро
pasta

спагеттӣ spaghetti	биринҷ alesi	салат salade

картошкаи қоқак patata	картошкабирён baka patata	Pizza pissa

гамбургер burger	бутербурод brede	шнитсел schnitsel
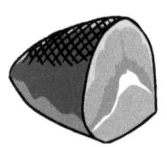		
гӯшти намакардаи хук ameti	ҳасиби салямӣ salami	ҳасиб worst

мурғ kafowru	кабоб bakadina	моҳӣ fisi

ярмаи ҷав
hafermout

омехтаи ғалладонагӣ
muesli

ярмаи ҷуворимакка
karuflakes

орд
blon lolo

кулчақанд
croissant

кулчақанд
brede

нон
brede

як порча нони бирён
baka brede

кулчачаҳои қандин
buskutu

маска
botro

творог
kwark

пирог
kuku

тухм
eksi

тухм бирён
baka eksi

панир
kasi

таъом - nyan

яхмос ice-cream	шакар sukru	асал oni

мураббо jam	хамираи ҳалво sukruskrati pasta	Curry kerrie

ферма
burugron

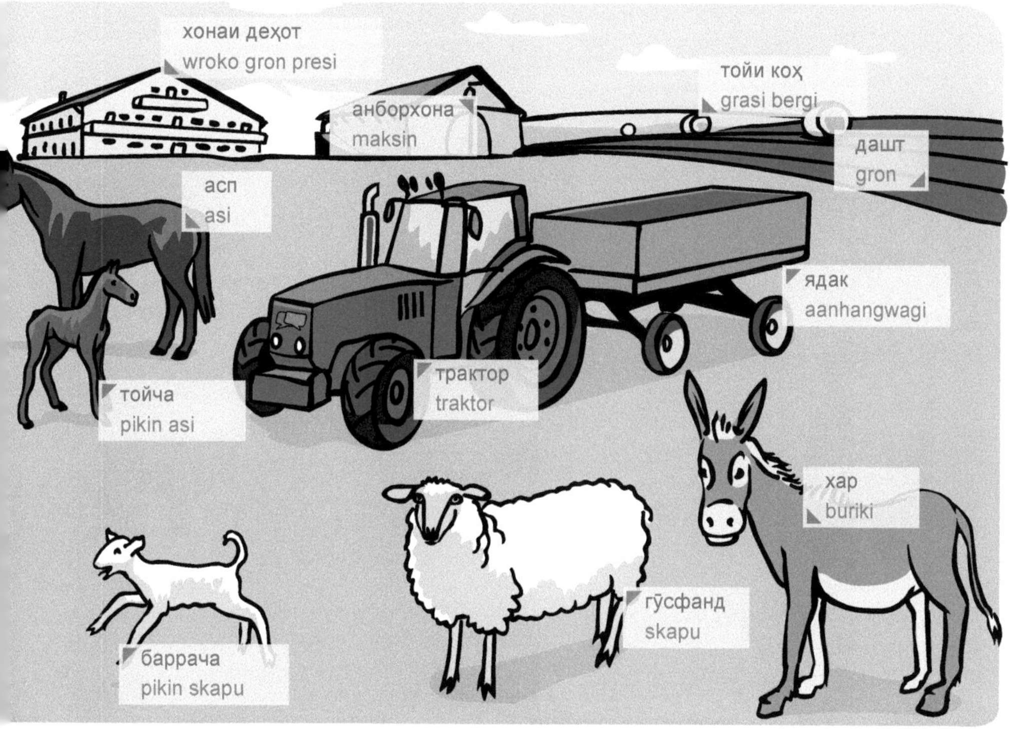

хонаи деҳот
wroko gron presi

анборхона
maksin

тойи коҳ
grasi bergi

дашт
gron

асп
asi

ядак
aanhangwagi

тойча
pikin asi

трактор
traktor

хар
buriki

баррача
pikin skapu

гӯсфанд
skapu

буз
krabita

гов
kaw

гӯсола
pikin kaw

хук
agu

хукча
pikin agu

буққа
burkaw

қоз
gansi

мурғобӣ
doksi

чӯча
pikin fowru

мурғ
fowru

хурӯс
kakafowru

каламуш
alata

гурба
puspusi

муш
moismoisi

барзагов
burkaw

саг
dagu

хоначаи саг
dagu pen

рӯдаи резинӣ
tuinslang

камобӣ метавонад
watra kan

дос
nefi

сипори шудгоркунии замин
pluga

ферма - burugron

доси
babun-nefi

каланд
tyapu

панҷшоха
forku

табар
beyri

ароба
kroiwagi

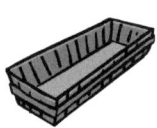
охур
baki

зарфи ширгирӣ
merki kan

халта
saka

девор
skotu

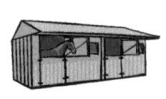
мӯътадил
pen

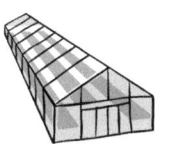
гармхона
grun kasi

хок
gron

тухмӣ
siri

нурихо
doti

комбайни ғаллағундорӣ
maaidorser

ферма - burugron

ҳосил koti	ҳосил nyanyan	yams yami

гандум aleisi	лубиж soja	картошка patata

ҷуворӣ karu	донаи маъсар koro siri	дарахти мева froktu bon

manioc kasaba	ғалладона siri	

ферма - burugron

хона
oso

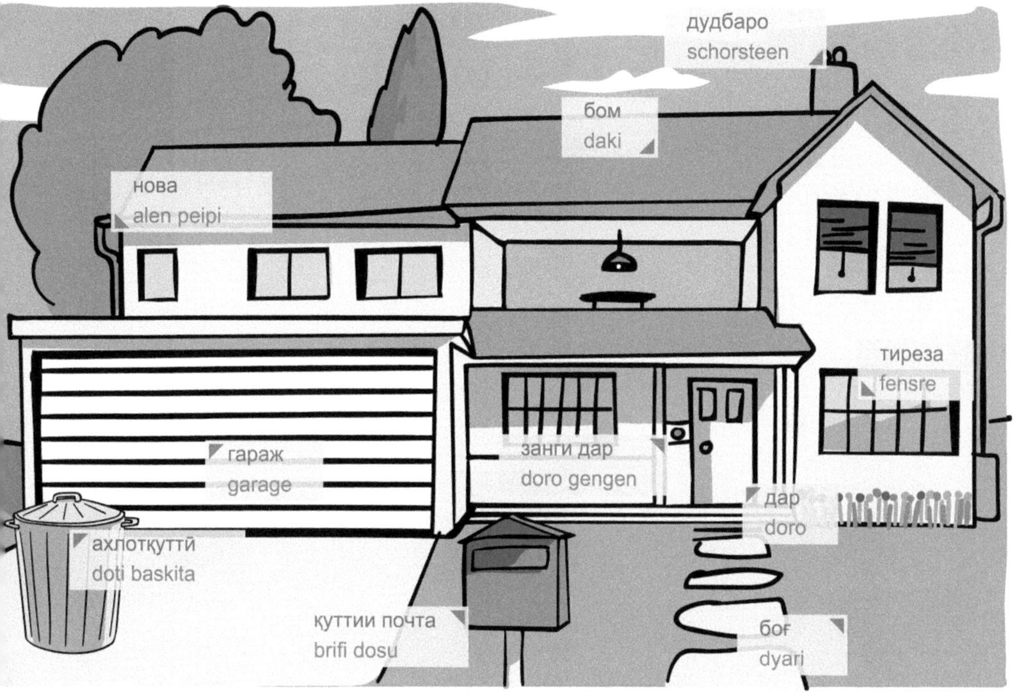

нова
alen peipi

дудбаро
schorsteen

бом
daki

тиреза
fensre

гараж
garage

занги дар
doro gengen

дар
doro

ахлоткуттӣ
doti baskita

куттии почта
brifi dosu

боғ
dyari

мехмонхона
foroisi

ҳамом
was oso

ошхона
botrali

хонаи хоб
sribikamra

ҳуҷраи кӯдакона
pikin kamra

ошхона
nyanyan kamra

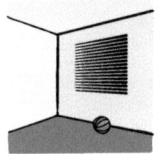 ошёна gron	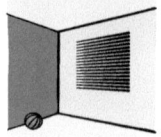 девор skotu	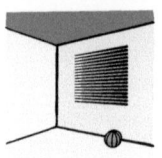 шифт plafon
 тагзаминӣ kedre	 сауна sauna	 балкон barkon
 суфача terras	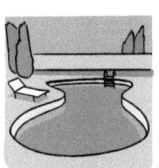 ҳавз swen presi	 мошини алафдарав waimasyin
 варақ sribikrosi	 кампал sribikrosi	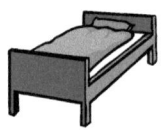 кат bedi
 ҷорӯб sisibi	 сатил embre	 калид san fu leti faya

меҳмонхона
foroisi

- зардеворӣ / behang
- расм / fowtow
- лампа / lampu
- рафи китобмонӣ / planga
- чевони зарфҳо / kasi
- оташдон / brantmiri
- телевизор / telefisi
- гул / bromki
- болишт / kunsu
- гулдон / bromkipatu
- диван / sturu
- пулт / afstandbediening

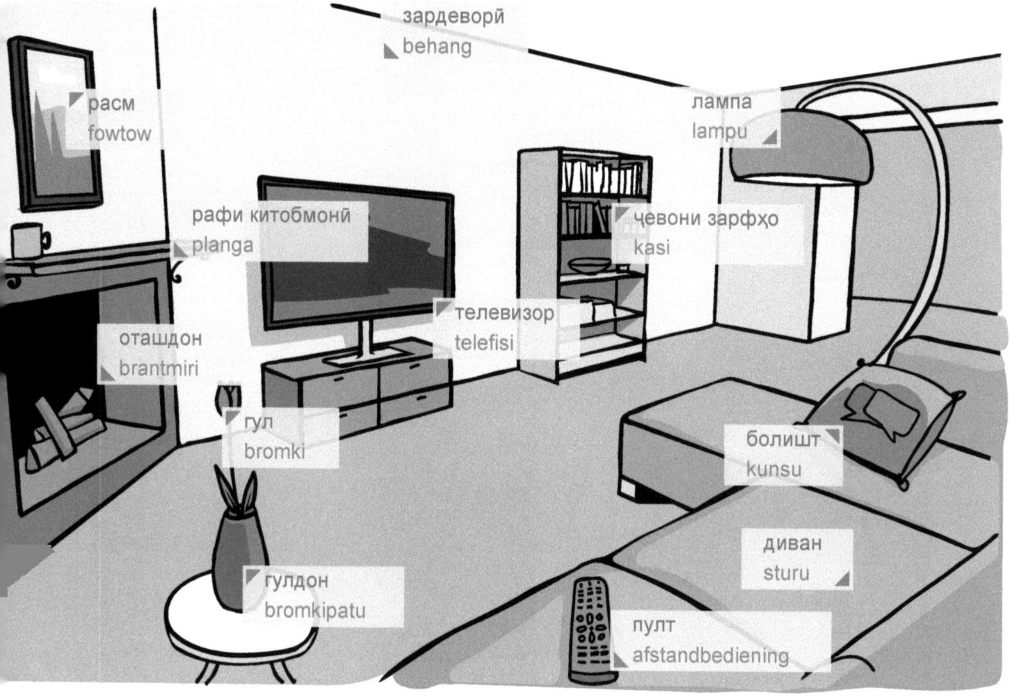

қолин
matamata

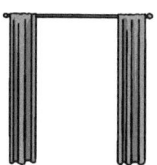

парда
garden

мизи
tafra

курсӣ
sturu

rocking кафедраи
boboisturu

курсӣ
sturu

меҳмонхона - foroisi

китоб
buku

курпа
tapun

ороиш
pranpran

ҳезум
udu

филм
kino

дастгоҳи hi-fi
stereo- installatie

калид
sroto

рӯзнома
koranti

расм
skedrei

эълон
poster

радио
konkrudosu

китобчаи қайдҳо
skrifi buku

чангкашак
stofsuiger

кактус
kaktus

шам
kandra

мехмонхона - foroisi

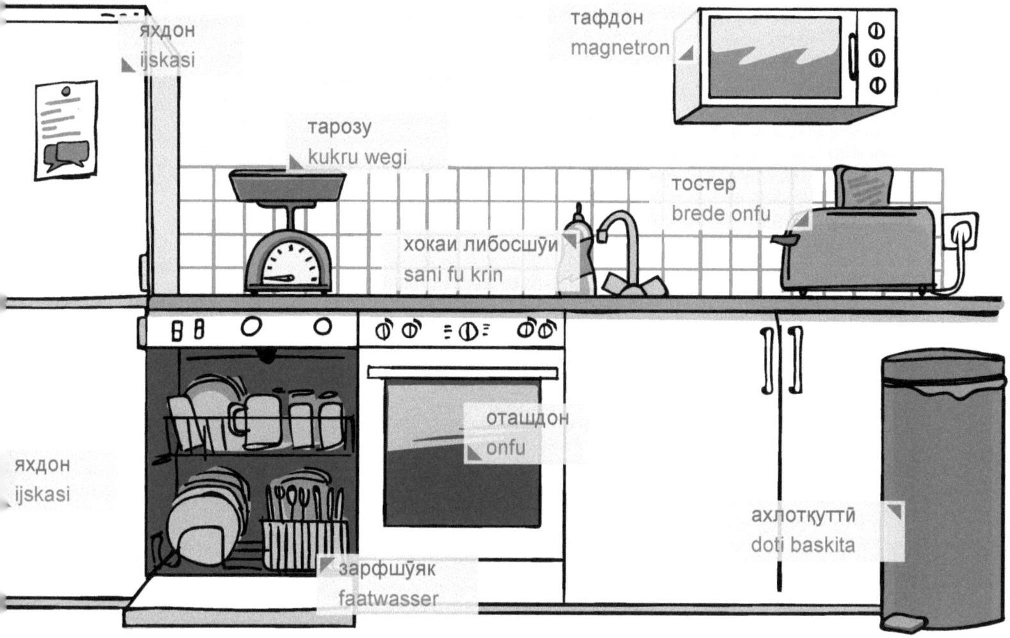

ошхона
botrali

яхдон
ijskasi

тафдон
magnetron

тарозу
kukru wegi

хокаи либосшӯи
sani fu krin

тостер
brede onfu

оташдон
onfu

яхдон
ijskasi

ахлоткуттӣ
doti baskita

зарфшӯяк
faatwasser

плита
onfu

тубак
patu

дег
isri patu

дег / кадй
wok / kadai

тоба
pan

чойник
ketre

ошхона - botrali

steamer

dampupatu

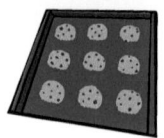

лист

baka preti

зарф

tafra-sani

кружка

kan

коса

koba

чубаки хурокхӯрӣ

nyantiki

кафлези

supu spun

кафлези ҳамвор

spatel

whisk

klutser

strainer

fergiet

элак

dorodoro

турбтарошак

gritigriti

миномет

mortier

Кабоб Кардан

barbakoto

оташ кушод

faya presi

ошхона - botrali

тахтаи резакунӣ
koti planga

чӯба
blon lolo

пӯккашак
korkutreki

банка
tromu

консервокушояк
knefi fu opo blik

дастак
patu duku

дастшӯяк
wasibaki

чӯтка
bosro

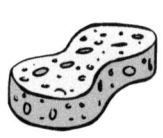

исфанҷ
sponsu

блендер
blender

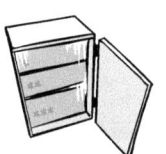

сармодон
ijskasi

шишача
beibi batra

ҷумак
kran

ошхона - botrali

ҳамом
was oso

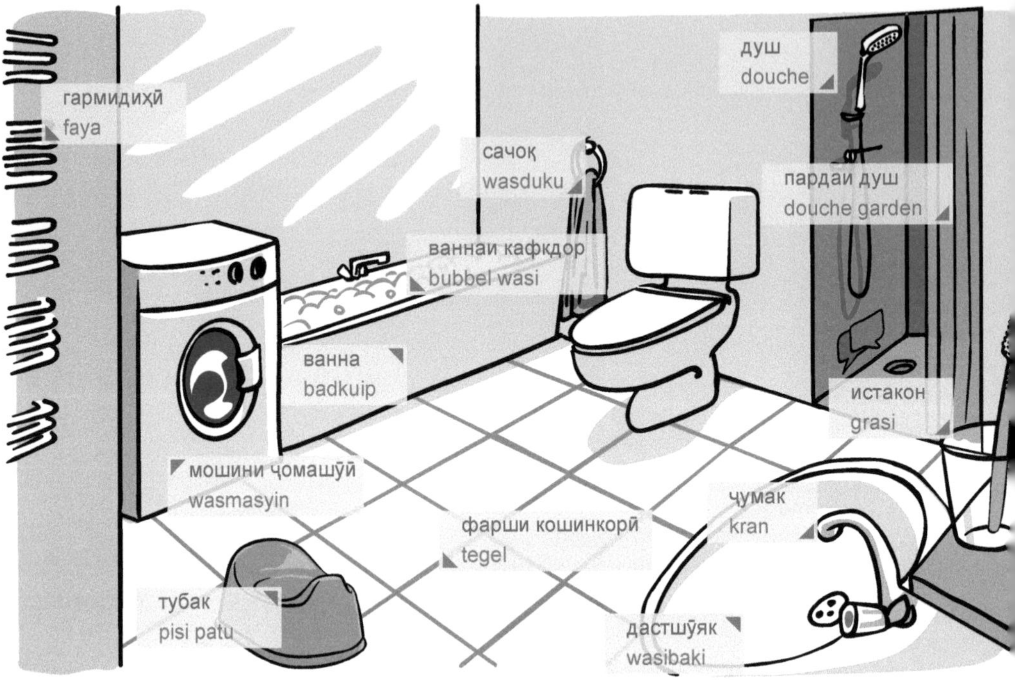

гармидиҳӣ / faya
сачоқ / wasduku
душ / douche
ваннаи кафкдор / bubbel wasi
пардаи душ / douche garden
ванна / badkuip
истакон / grasi
мошини ҷомашӯӣ / wasmasyin
чумак / kran
фарши кошинкорӣ / tegel
тубак / pisi patu
дастшӯяк / wasibaki

ҳоҷатхона
kumakoisi

нишастгоҳи халоҷои рӯйфаршӣ
kumakoisi

биде
bidet

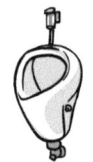

ҳоҷатхонаи мардона
pisi presi

коғази ташноб
kumakoisi papira

чӯткаи ҳоҷатхона
kumakoisi bosro

дандоншӯяк

tifi bosro

хамираи дандоншӯи

tandpasta

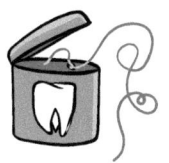

риштаи дандонтозакунӣ

floss

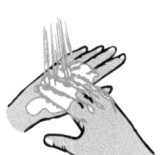

шӯстан

wasi

души дастӣ

douche

обшӯй

kumakoisi douche

ҳавза

was koba

шона кардани мӯй

baka bosro

собун

sopo

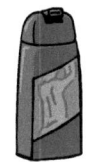

гел барои душ

douchegel

шампун

sopo

бумазӣ

was krosi

заҳкаш

afvoer

крем

krème

дезодорант

okselstik

ҳамом - was oso

 оина spikri	 оинаи дастӣ moimoi fu fesi spikri	 риштарошаки барқи sebinefi
 кафк барои риштарошӣ sebiskuma	 оби мушкини баъди риштарошӣ aftershave	 шона kankan
 чӯтка bosro	 мӯйхушкунак wiri drei masyin	 лак барои мӯй wirispray
 косметика moimoi fu fesi	 лабсурхкунак lippenstift	 лок барои нохун nangra ferfi
 пахта katun	 қайчии нохунгирӣ nangra sey	 атриёт switi smeri

ҳамом - was oso

ҷузвдони косметики
tas gi krin sani

қазои ҳоҷат
kroku

тарозу
wegi

хилъат
was dyaki

дастпӯшак резина
handschoen fu krin

тампон
tampon

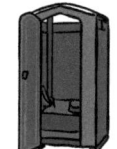

дастмоли санитарӣ
munduku

био-ҳоҷатхона
kumakoisi

ҳамом - was oso

ҳуҷраи кӯдакона

pikin kamra

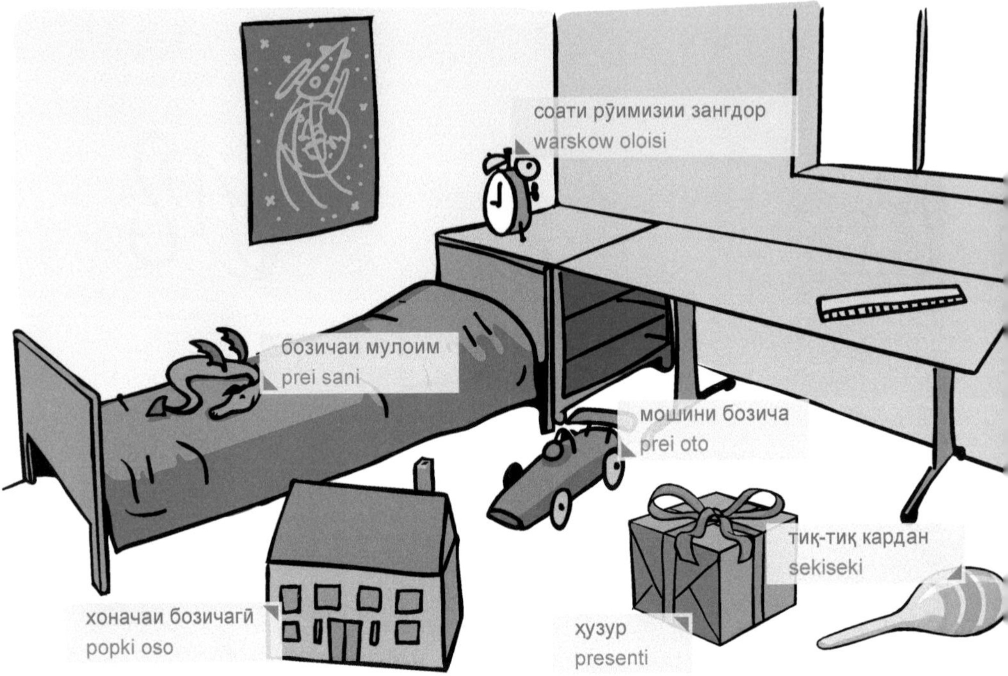

соати рӯимизии зангдор
warskow oloisi
бозичаи мулоим
prei sani
мошини бозича
prei oto
тиқ-тиқ кардан
sekiseki
хоначаи бозичагӣ
popki oso
ҳузур
presenti

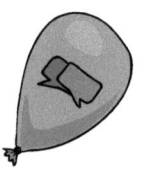

пуфак

ballon

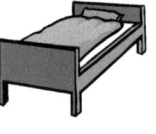

кат

bedi

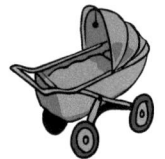

аробочаи кудакона

beibiwagi

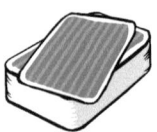

маҷмӯи кортҳо

paki karta

бозии муамоёбӣ

laytori

SUPER MEGA

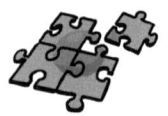

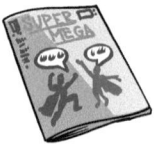

комикс

strip torie

хиштҳои лего
lego ston

мағозаи бозичафурӯхтан
prei sani

рақам амал
aktiefiguurtje

либоси ғаваккашӣ
beibikrosi

фрисби
frisbee

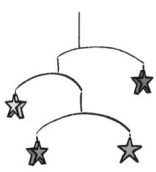

мобилӣ
mobile

лавҳачаи бозӣ
prei tapu bord

кубик
prei ston

маҷмӯи модели қатора
prei sani loko

пистонак
bobimofo

ҳизб
fesa

китоби расм
prenki buku

тӯб
bal

лӯхтак
popki

бози кардан
prei

ҳуҷраи кӯдакона - pikin kamra

куттии рег
santi baki

арғунчак
boboisturu

бозича
preisani

консоли бозиҳои видеой
prei komputer

велосипеди сечарха
baysigri

хирсаки бахмалии патдор
prei sani

ҷевон
krosi kasi

либос
krosi

ҷуроб
kowsu

ҷуроби соқбаланд
kowsu

колготки
kowsu

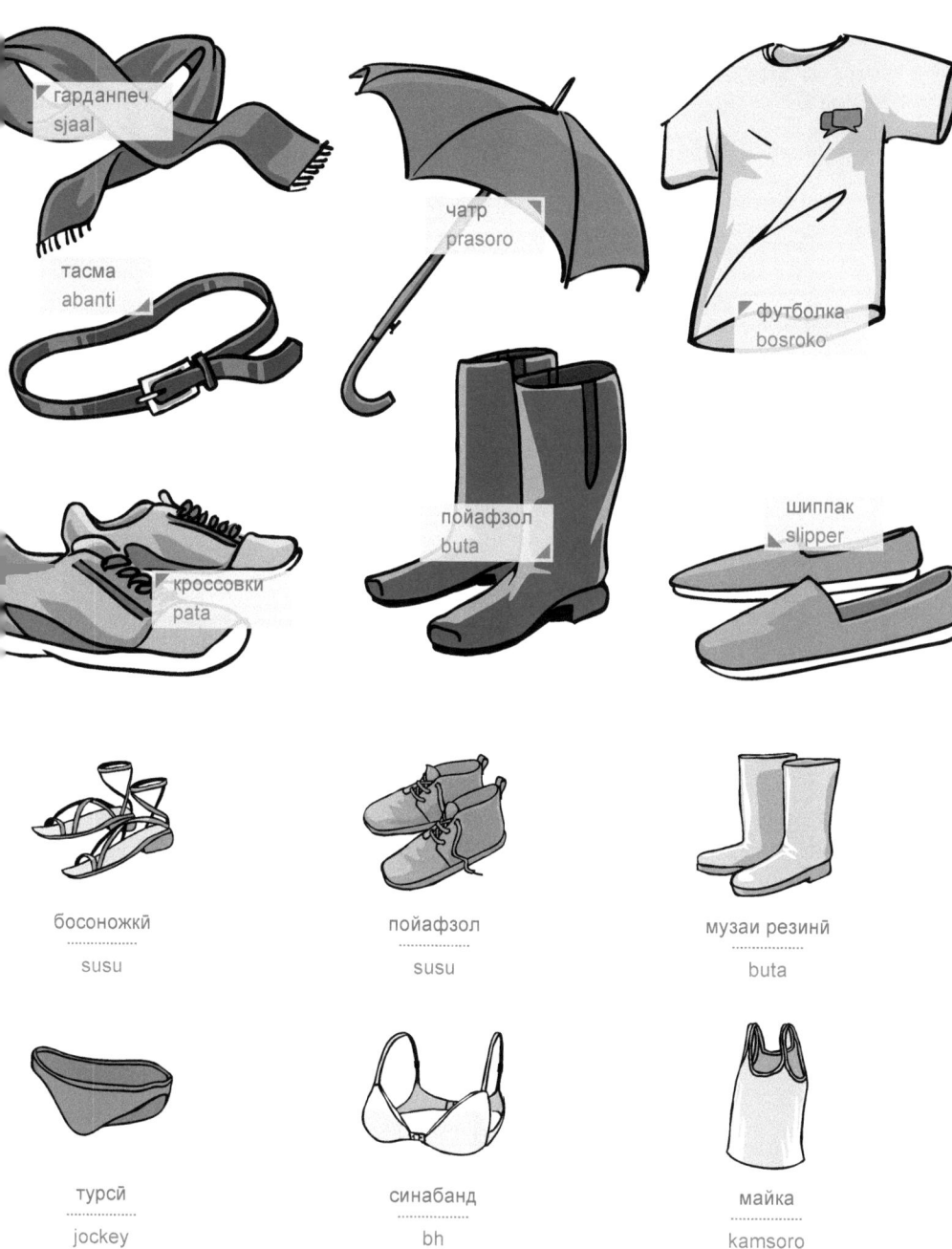

бадан
skin

шим
bruku

чинс
jeansbruku

юбка
koto

куртаи нимтаи занона
blus

курта
empi

свитер
empi

свитер
dyaki

пичак
djakti

нимтана
dyakti

палто
alendyakti

плаш
alendyakti

костюм
paki

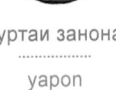

куртаи занона
yapon

либос тӯйи
trowyapon

либос - krosi

костюм
paki

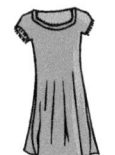

куртаи хоб
sribikrosi

пижама
sribikrosi

Сари
sari

рӯймол
angisa

салла
tulband

ниқобу
burka

кафтан
kaftan

абая
abaya

либоси обозӣ
swenkrosi

эзорчаи шиноварии мардона
swenbruku

шорти
syatu bruku

либоси варзишӣ
training paki

пешбанд
feskoki

дастпӯшак
handschoen

тугма
knopo

айнак
aygrasi

дастпона
anubuy

гарданбанд
keti

ангуштарин
linga

гӯшвора
yesilinga

кулоҳ
ati

либосовезак
krosi anga

кулоҳ
ati

галстук
tay

занҷирак
rits

тоскулоҳ
feti musu

шимбардор
bretel

либоси мактабӣ
sem skoro krosi

либоси
sem krosi

48   либос - krosi

пешгир

slabbetje

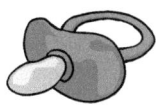

пистонак

bobimofo

подгузник

pisiduku

идора
kantoro

- чевони хуччатмонӣ — archief kasi
- сервер — server
- коғаз — papira
- принтер — printer
- монитор — monitor
- мизи хатнависӣ — tafra
- мушак — moisi
- ҷузъгир — map
- клавиатура — keyboard
- курсӣ — sturu
- сабади партофҳои коғазӣ — doti embre
- копютер — komputer

кружкаи қаҳванӯшӣ

kofi kan

калкулятор

kalkulator

интернет

internet

ноутбук
laptop

мактуб
brifi

хабар
boskopu

телефони мобилӣ
konkrutitei

шабака
neti

нусхабардор
kopi masyin

нармафзор
software

телефон
konkrutitei

розетка
stopkontakt

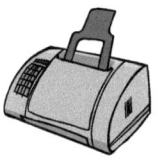

факс
fax masyin

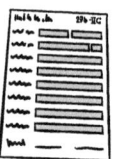

шакл
formulier

ҳуҷҷат
papira

идора - kantoro

иқтисодиёт
ekonomia

харидан
bai

пардохт
pai

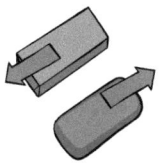
савдо
du

пул
moni

доллар
dollar

евро
euro

йен
yen

рубл
rubel

франки швейцариягӣ
frank

юан
renminbi yuan

рупӣ
rupie

нуқтаи нақд
monimasyin

нуқтаи мубодилаи асъор	тилло	нуқра
kenki kantoro	gowtu	solfru

равғани растанӣ	энерги	нарх
oli	krakti	prijs
		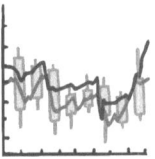
шартнома	андоз	саҳмия
kontrakti	lantimoni	pisi

кор	хизматчӣ	соҳибкор
wroko	wrokoman	wrokobasi

завод	сехи	
fabrik	wenkri	

иқтисодиёт - ekonomia

касбҳо
kari

корманди полис
skowtu

сӯхторхомушкун
brandweerman

ошпаз
boriman

духтур
datra

халабон
piloot

боғбон
djariman

чӯбтарош
temreman

дӯзанда
modist

судя
krutubasi

кимиёшинос
scheikunde sma

актер
akteur

ронандаи автобус
sjafeur

таксист
taximan

моҳигир
fisiman

фаррошзан
krinsma

устои бомпӯш
dakitapu man

пешхизмат
diniman

шикорчӣ
ontiman

расом
ferfiman

нонвой
bakriman

барқ
elektrikman

сохтмончӣ
bow-wroko man

инженер
ensjinoru

қассоб
sraktiman

устои шабакаи об
loodgieter

хаткашон
postbode

касбҳо - kari

сарбоз
srudati

меъмор
architekt

кассир
kasman

гулфурӯш
bromkisma

сартарош
seti sma wiri man

кондуктор
kondukteur

механик
monteur

капатан
kapten

духтури дандон
tifidatra

олим
sabiman

хохом
Dyu domri

имом
Moslim domri

шайх
moniki

саркоҳин
priester

асбобҳо
wrokosani

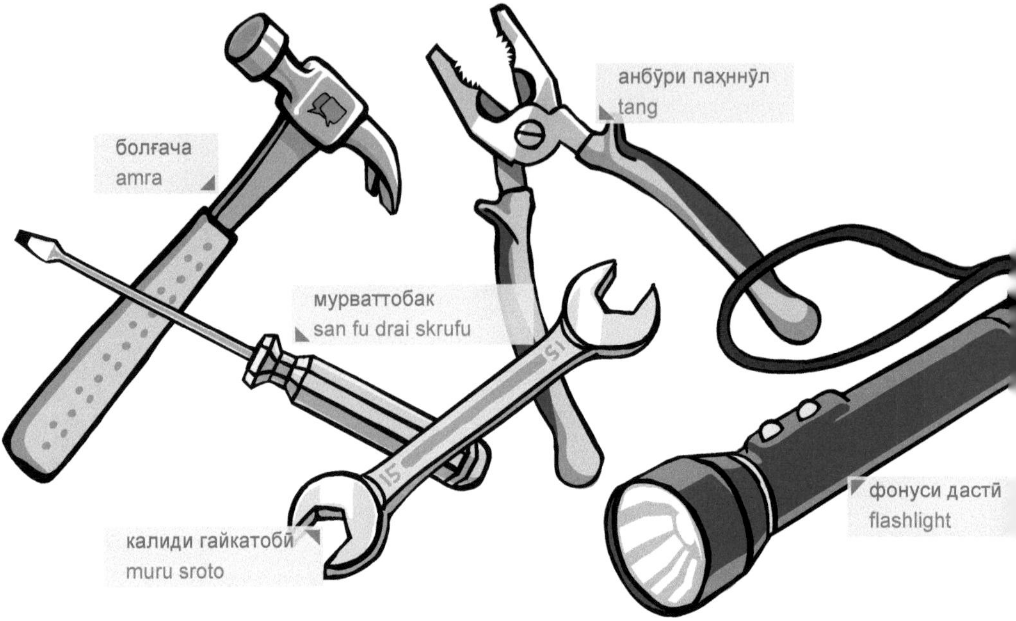

болғача
amra

анбӯри паҳннӯл
tang

мурваттобак
san fu drai skrufu

калиди гайкатобӣ
muru sroto

фонуси дастӣ
flashlight

экскаватор
dikimasyin

қутии асбобҳо
wrokosani kisi

зинапоя
trapu

арра
sa

мехҳо
spikri

пармаи электрикӣ
boro

таъмир
meki

бел
skepi

Сабил монад!
Baya!

белчаи хокрӯбагирӣ
stofblik

сатили ранг
ferfi patu

мехи печдор
skrufu

асбобҳои мусиқӣ
poku sani

асбоби нақоразанӣ
dronstel

динамик
boskopu barbari sani

контрабас
kontra bas

карнай
tronpèti

гитара
gitara

асбобҳои мусиқӣ - poku sani

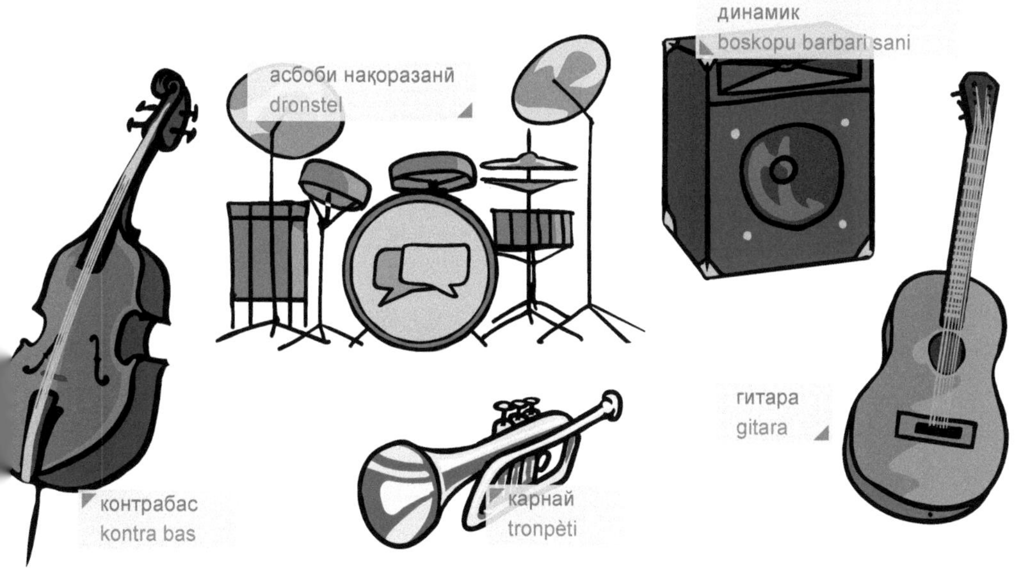

пианино
piano

ғиччак
finyoro

бас-гитара
bas

нақораи поядор
pauk

нақора
dron

клавиатура
keyboard

саксофон
saxofon

най
froiti

баландгӯяд
mikrofon

боғи ҳайвонот
meti dyari

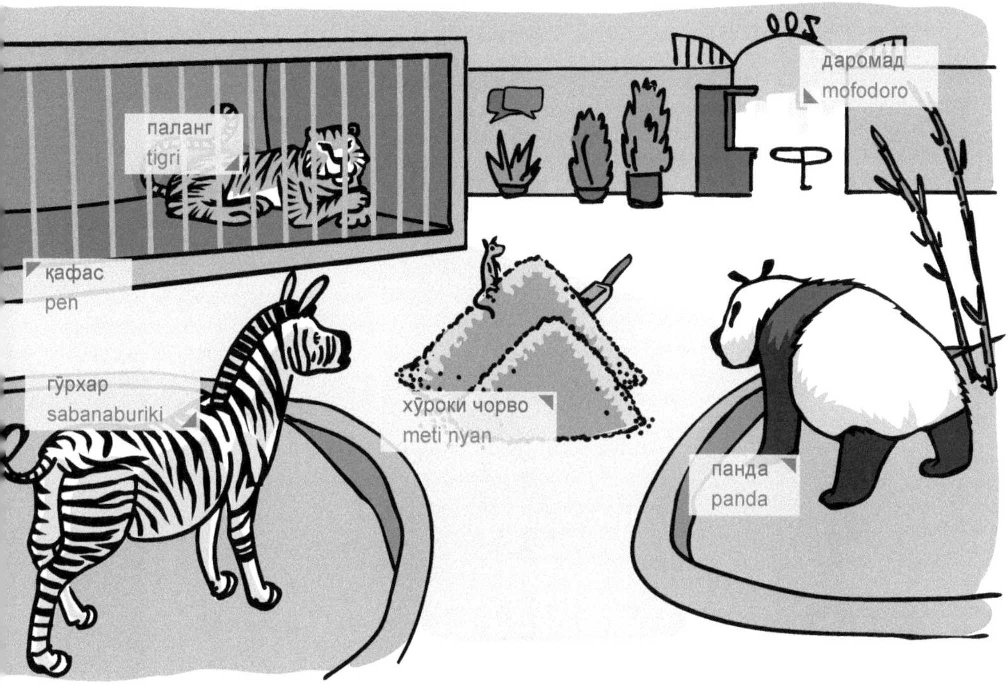

паланг / tigri
даромад / mofodoro
қафас / pen
гўрхар / sabanaburiki
хўроки чорво / meti nyan
панда / panda

ҳайвонот
meti

фил
asaw

кенгуру
kangeru

каркадан
neushoorn

горилла
gorilla

хирси бўр
beer

шутур
kameri

шутурмурғ
stroisifowru

шер
lew

маймун
monki

бутимор
korikori

тӯти
popokai

хирси сафед
ijsbeer

пингвин
pinguïn

наҳанг
sarki

товус
prodokaka

мор
sneki

тимсоҳ
kaiman

посбон
sma san e sorgu meti

сил
sedagu

ягуар
penitigri

боғи ҳайвонот - meti dyari

аспи кўтоҳқад
pikin asi

леопард
penitigri

баҳмут
watrabofru

заррофа
giraf

уқоб
aka

хуки ваҳшӣ
werder agu

моҳӣ
fisi

сангпушт
sekrepatu

морж
walrus

рўбоҳ
sabanadagu

ғизол/оҳу
dia

боғи ҳайвонот - meti dyari

варзиш
sport

фаъолият
aktifiteit

паридан — jompo
оғӯш гирифтан — brasa
ханда — lafu
пиёда рафтан — waka
шеър хондан — singi
ибодат кардан — begi
бӯса кардан — bosi
орзӯ кардан — dren

навиштан
skrifi

кашидан
hari

нишон додан
sori

тела додан
pusu

додан
gi

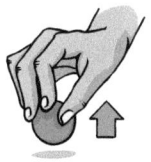
гирифтан
teki

доранд
abi

кор
dati

бошад
de

истодан
tnapu

давидан
lon

кашидан
hari

партофтан
trowe

афтидан
fadon

дароз кашидан
lei

интизор шудан
wakti

бардошта бурдан
tyari

нишастан
sidon

либос пӯшидан
weri

хобин
sribi

бедор шудан
wiki

фаъолият - aktifiteit

нигоҳ кардан
luku

гиря кардан
krei

сила кардан
korikori

шона
kan

гап задан
taki

фаҳмидан
ferstan

пурсидан
aksi

гӯш кардан
arki

нӯштдан
dringi

хӯрдан
nyanyan

ғундоштан
krin

ишқ
lobi

ошпаз
bori

рондан
rei

парвоз кардан
frei

фаъолият - aktifiteit

бо бодбон ҳаракат кардан
seiri

ҳисоб кардан
teri

хондан
lesi

омӯхтан
leri

кор
wroko

оиладор шудан
trow

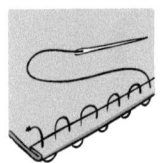

дӯхтан
nai

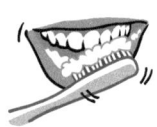

дадон шӯстан
krintifi

куштан
kiri

дуд
smoko

фиристодан
seni

фаъолият - aktifiteit

оила
famiri

биби / granmama
бобо / granpapa
падар / papa
модар / mama
кӯдак / beibi
хоҳар / umapikin
писар / manpikin

меҳмон
fisiti

хола
tanta

амак
omu

бародар
brada

хоҳар
sisa

бадан
skin

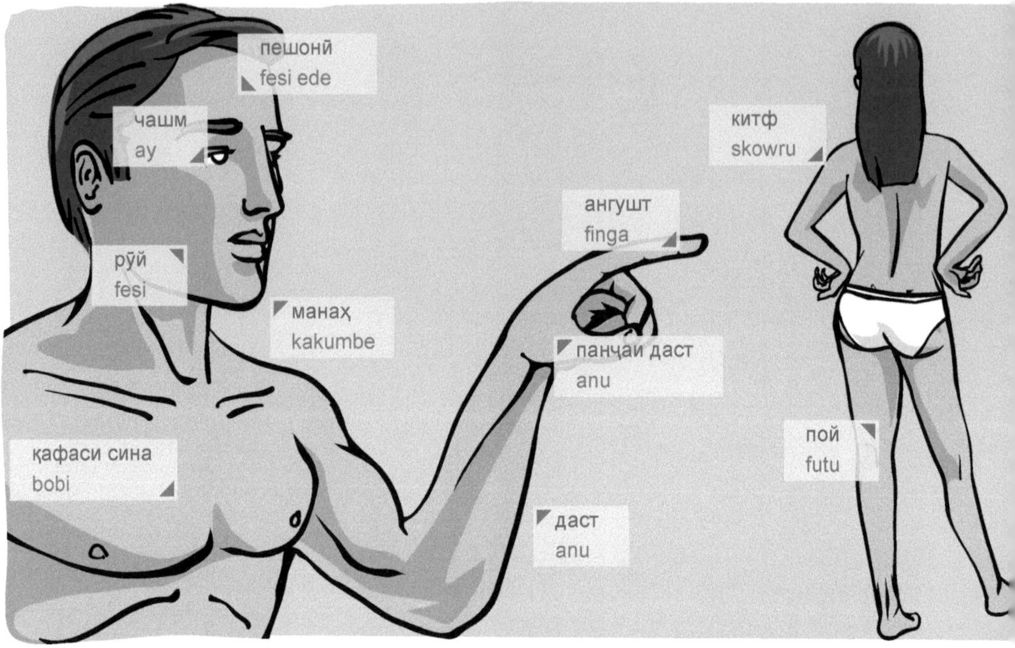

- пешонӣ — fesi ede
- чашм — ay
- рӯй — fesi
- манаҳ — kakumbe
- қафаси сина — bobi
- китф — skowru
- ангушт — finga
- панҷаи даст — anu
- даст — anu
- пой — futu

кӯдак
beibi

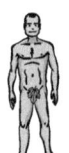

мард
man

зан
uma

духтар
uma pikin

писар
boi

сар
ede

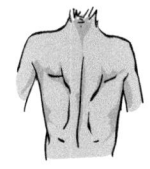
пушт
baka

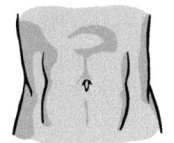
шикам
bere

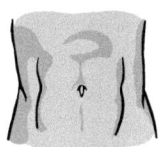
ноф
kumba

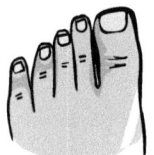
ангушти пой
futufinga

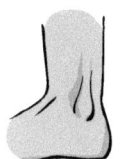
пошнаи пой
bakafutu

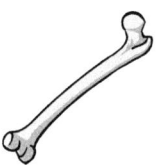
устухон
bonyo

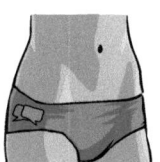
рон
djonku

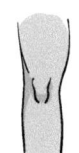
зону
kindi

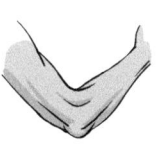
оринҷ
baka anu

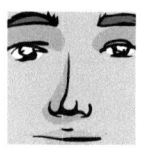
бинӣ
noso

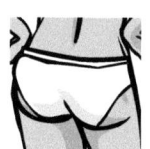
таг
bakasei

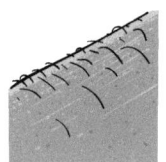
пӯст
skin

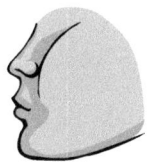
рухсора
seifesi

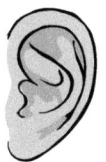
гӯш
yesi

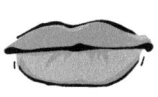
лаб
mofobuba

 даҳон mofo	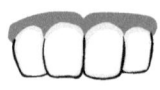 дадон tifi	 забон tongo
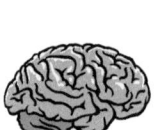 майнаи сар ede tonton	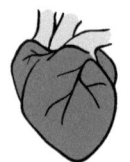 дил ati	 мушак titei
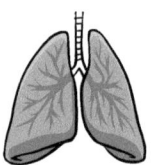 шуш fokofoko	 ҷигар lefre	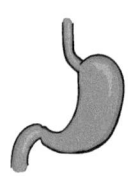 меъда bere
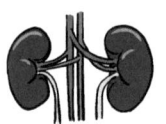 гурдаҳо niri	 алоқаи ҷинсӣ freiri	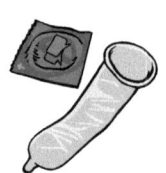 рифола pipikowsu
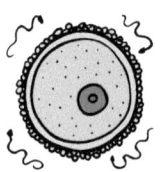 тухмҳуҷайра eksi	 нутфа siri	 ҳомиладорӣ bere

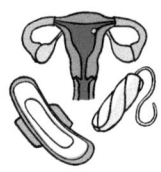

ҳайз
munsiki

маҳбал
umapresi

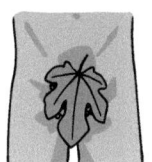

кер
toli

абрӯ
atapu-ay-wiwiri

мӯй
wiwiri

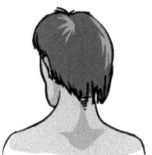

гардан
neki

бемористон
ati oso

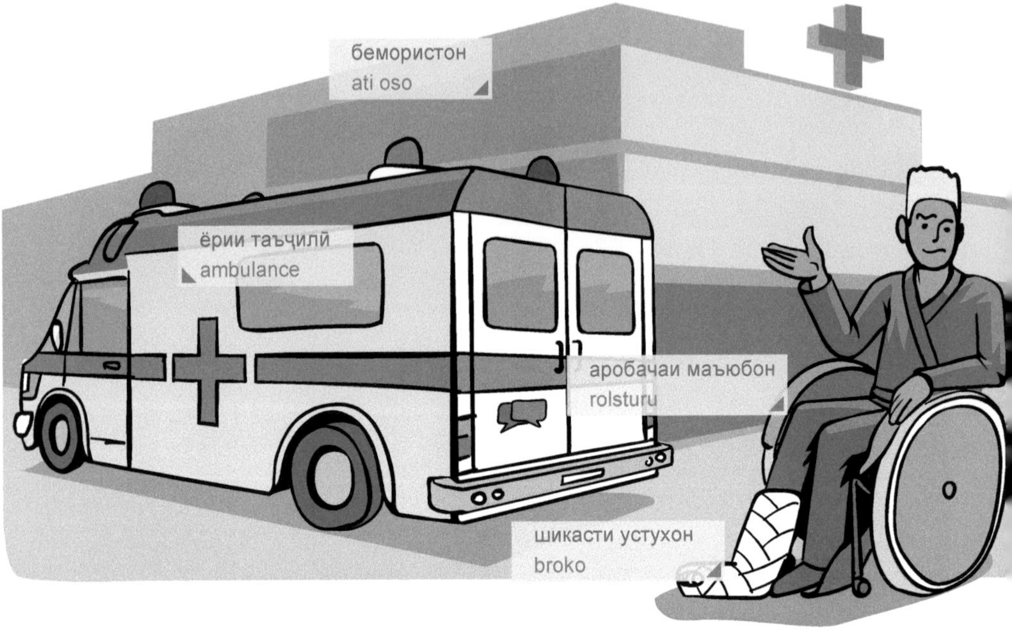

бемористон
ati oso

ёрии таъҷилӣ
ambulance

аробачаи маъюбон
rolsturu

шикасти устухон
broko

духтур
datra

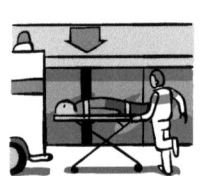

ҳуҷраи ёрии фаврӣ
EHBO

ҳамшираи тиббӣ
suster

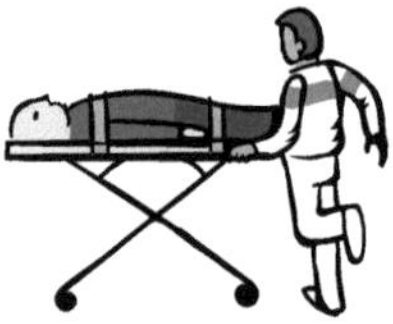

ҳолати фавқулодда
nowtu

беҳуш
flaw

дард
pen

ҷароҳат
soro

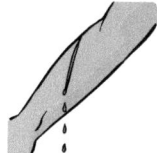
хунравӣ
brudu

дилзанак
ati siki

сактаи майна
bururtu

аллергия
trefu

сулфа
koso

табларза
kortsu

грипп
griep

шикамравӣ
lusu bere

сардард
ede-ati

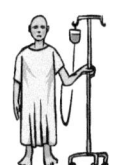
саратон
takrusiki

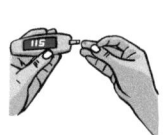
диабет
sukru

ҷарроҳ
chirurg

скалпел
skalpel

ҷарроҳӣ
operâsi

бемористон - ati oso

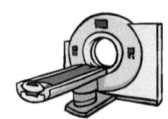	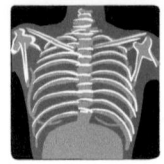	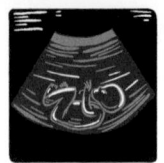
Томографияи компютерӣ CT	шӯъои ренгенӣ röntgen	ултрасадо echo

ниқоби рӯй fesi maskradu	беморӣ siki	ҳуҷраи интизорӣ wakti kamra
	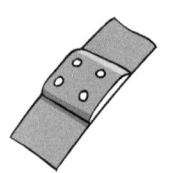	
асобағал kroku	марҳам duku	дока duku
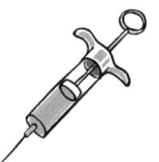	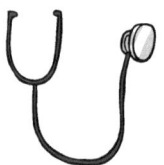	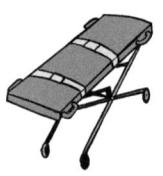
сӯзандору spoiti	стетоскоп stethoskoop	занбар brandkard

ҳароратсанҷ temperatuur marki	таваллуд gebore	вазни зиёдатӣ fatu

бемористон - ati oso

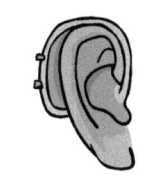
таҷҳизоти шунавой
masyin fu yere

моддаи безараргардонӣ
sani fu krin

инфексия
dyomposiki

вирус
firus

ВИЧ / СПИД
HIV / AIDS

дору
dresi

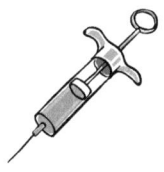
ваксинатсия
faksinasi

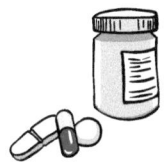
ҳабҳо
perki

ҳаб
perki

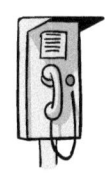
занги изтирорӣ
nowtu nomru

монитори фишори хун
brudu marki

бемор/солим
siki / gesontu

бемористон - ati oso

ҳолати фавқулодда
nowtu

Кумак!
Yepi!

ҳушдор
warskow

ҳучум
feti

ҳамла
feti

хатар
ogri

баромадгоҳи таҳлиявӣ
a nowtu doro

Сӯхтор!
Faya!

оташнишон
fayakiri sani

садама
mankeri

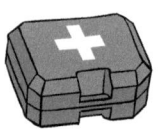
дорукуттӣ
EHBO-kofru

бонги хатар
SOS

полис
skowtu

замин
grontapu

Аврупо
Bakrakondre

Америкаи Шимолӣ
Opo-Amerkan

Америкаи Ҷанубӣ
Suid-Amerkan

Африка
Afrika

Осиё
Asi

Австралия
Australia

Уқёнуси Атлантик
Atlantis Se

Уқёнуси Ором
Tan tiri Se

Уқёнуси Ҳинд
Indisch Se

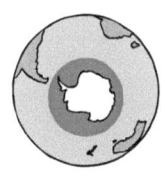
Уқёнуси Антарктика
Suidsei Se

Уқёнуси Арктика
Noordsei Se

Қутби шимол
Noordsei

замин - grontapu

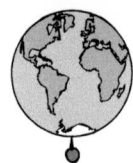
Қутби ҷануб
Suidsei

Антарктика
Antartika

замин
grontapu

замин
kondre

баҳр
se

ҷазира
eilanti

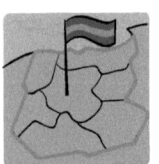
миллат
nâsi

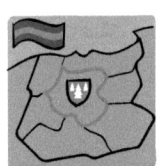
давлат
lanti

вақт
oloisi

сиферблат
oloisi fesi

ақрабаки соат
yuru sori

ақрабаки дақиқашумор
miniti sori

ақрабаки сонияшумор
sekonde sori

Соат чанд?
O lati a de?

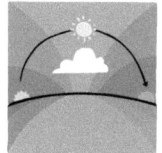

рӯз
dey

замон
ten

ҳозир
now

соати электронӣ
oloisi

лаҳза
miniti

соат
yuru

ҳафта
wiki

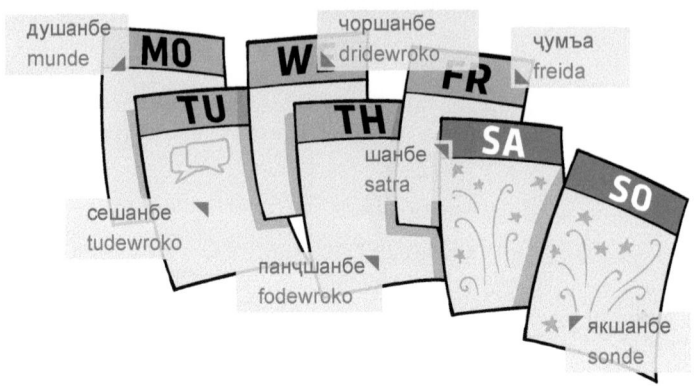

душанбе / munde
чоршанбе / dridewroko
ҷумъа / freida
сешанбе / tudewroko
панҷшанбе / fodewroko
шанбе / satra
якшанбе / sonde

дирӯз
esde

имрӯз
tide

фардо
tamara

пагоҳирӯзӣ
mamanten

нимрӯз
bakadina

шом
neti

рӯзҳои корӣ
den wrokodei

истироҳат
weekend

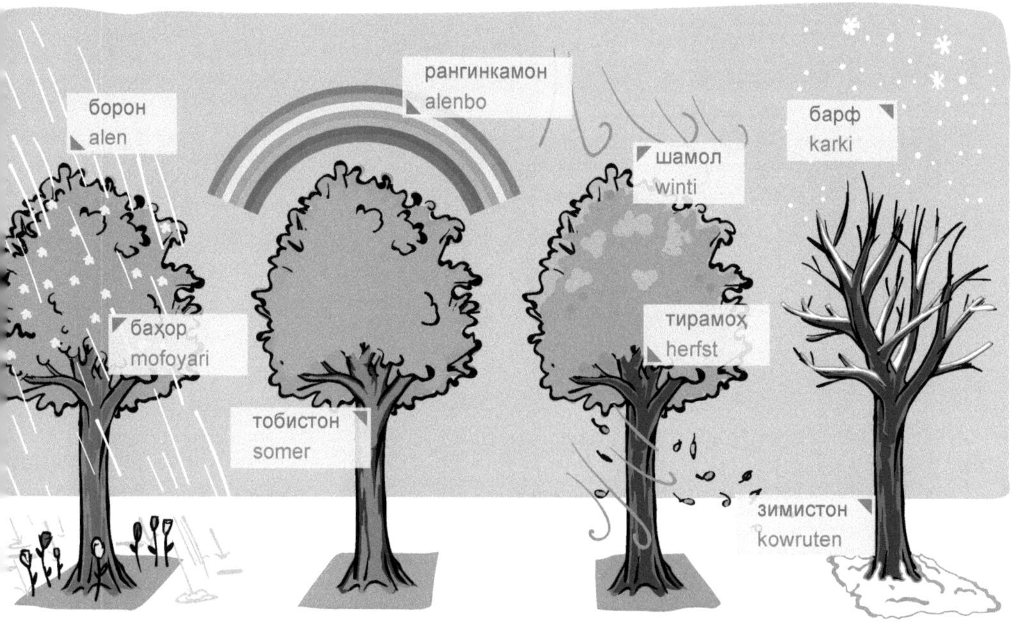

сол
yari

борон
alen

рангинкамон
alenbo

барф
karki

шамол
winti

баҳор
mofoyari

тирамоҳ
herfst

тобистон
somer

зимистон
kowruten

Обу ҳаво
taki fu a weer

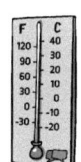

ҳароратсанҷ
thermometer

равшании офтоб
skèin fu a son

абр
wolku

туман
dow

намнок
loktu foktu

барқ
faya

тундар
dondru

тӯфон
sekiwatra

жола
agra

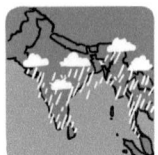

муссон
bigi skwala

обхезӣ
frudu

ях
èisi

январ
januari

феврал
februari

март
maart

апрел
april

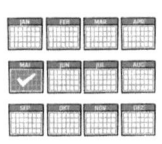

май
mei

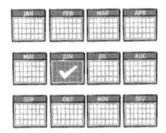

июн
juni

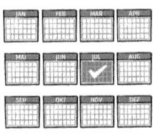

июл
juli

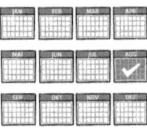

август
augustus

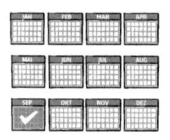
сентябр
september

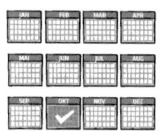
октябр
oktober

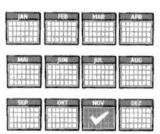
ноябр
nofember

декабр
december

баст
form

давра
lontu

мураббаъ
fokanti

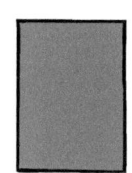
росткунья
fokanti naga langa sei

секунья
dri-uku

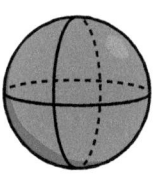
соњаи
lontu

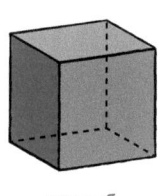
мукааб
kubus

рангҳо
kloru

 гулобӣ
witi

 хокистаранг
geri

 зард
alanya

 бунафшранг
ròs

 сурх
redi

 қаҳваранг
lila

 кабуд
blaw

 сиёҳ
grun

 кабуд
broin

 сафед
grei

 сабз
blaka

мухолифат
difrenti

бисёр/кам — хашмгин / ором — зебо/безеб
tumsi / wanwan — atibron / tiri — moi / takru

оғози / охири — калон/хурд — дурахшон / торик
begin / kba — bigi / ptyin — lekti / dungru

  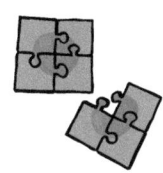

бародари / хоҳар — тоза/чиркин — пурра / нопурра
brada / sisa — krin / doti — krinkrin / no bun nofo

рӯзи / шаб — мурдагон / зинда — кушод/танг
dei / neti — dede / libi — bradi / smara

хӯрданӣ /
хӯрданашаванда
kan nyan / no kan nyan

бад/нек
takru / bun

ба ҳаяҷон / дилгир
prisiri / ferferi

ғавс/борик
fatu / fini

якум/охирин
fosi / lasti

Дӯсти / душмани
mati / feyanti

пур/холӣ
furu / leigi

сахт/мулоим
tranga / safu

вазнин/сабук
hebi / lekti

гуруснагӣ / ташнагӣ
angri / dreineki

бемор/солим
siki / gesontu

ғайриқонунӣ / ҳуқуқӣ
no gi pasi / tru

соҳибақл / беақл
koni / don

рост/чап
kruktu / leti

наздик/дур
gi / fara

мухолифат - difrenti

нави / истифода бурда мешавад

nyun / owru

ҳеҷ / чизе

noti / wan sani

пир/ҷавон

owru / jongu

оид / хомӯш

leti / tapu

кушода/пӯшида

oro / tapu

паст/баланд

safu / tranga

бой/камбағал

gudu / poti

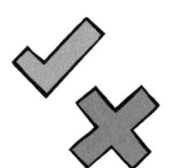

дуруст/нодуруст

bun / fowtu

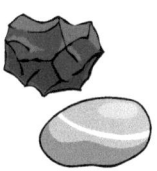

дурушт/ҳамвор

grofu / grati

ғамгин/хушбахт

sari / breiti

кӯтоҳ/дароз

shatu / langa

оҳиста/тез

loli / esi-esi

тар/хушк

nati / drei

гарм / сард

warang / kowru

ҷанг / сулҳ

feti / freide

мухолифат - difrenti

ададҳо
nomru

0 нол / noti

1 як / wan

2 ду / tu

3 се / dri

4 чор / fo

5 панҷ / feifi

6 шаш / siksi

7 ҳафт / seibi

8 ҳашт / aiti

9 нӯҳ / neigi

10 даҳ / tin

11 ёздаҳ / erfu

12
дувоздаҳ
twarfu

13
сенздаҳ
tin-na-dri

14
чордаҳ
tin-na-fo

15
понздаҳ
tin-na-feifi

16
шонздаҳ
tin-na-siksi

17
ҳабдаҳ
tin-na-seibi

18
ҳаждаҳ
tin-na-aiti

19
нуздаҳ
tin-na-neigi

20
бист
twenti

100
сад
hondru

1.000
ҳазор
dusun

1.000.000
миллион
milyun

забонҳо
den tongo

англисӣ
Ingristongo

англисии амрикой
Amerkan Ingristongo

мандарини хитой
Sneisi Mandarijntongo

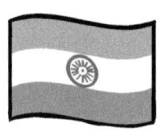

ҳиндӣ
Hinditongo

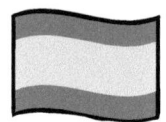

испанӣ
Spanyoro

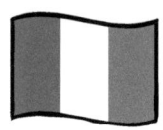

фаронсавӣ
Frans

арабӣ
Arabiatongo

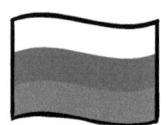

русӣ
Rusitongo

португалӣ
Potogisi

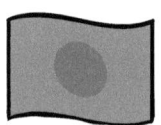

бенгалӣ
Bengalitongo

олмонӣ
Doisritongo

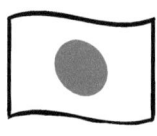

ҷопонӣ
Japantongo

ки / чиро / тавр
suma / sang / fa

ман
mi

шумо
yu

Ӯ / вай / он
en / en / en

мо
unu

шумо
yu

онҳо
den

ки?
suma?

чӣ?
san?

Чӣ хел?
fa?

дар куҷо?
pe?

кай?
oten?

ном
nen

дар кучо
ре

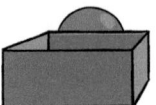

аз паси

baka

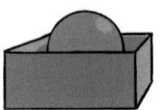

дар

ini

дар пеши

fesi

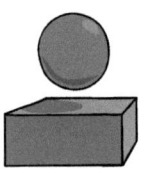

дар болои

abra

дар рӯи

tapu

дар зери

ondro

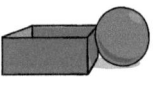

дар назди

na sei

миёни

mindri

ҷой

presi